Jonas

Pudelmütze
Kopfumfang: 53–55 cm
Schwierigkeitsgrad

W0205935

Material:

- Schurwollgarn (Lauflänge 80 m/50 g): 100 g Türkis und 50 g Orange
- Häkelnadel Nr. 5
- Pomponset

Stäbchen in Runden: Jede Runde mit 2 Luftmaschen als Ersatz für das 1. Stäbchen beginnen und mit 1 Kettmasche in die 2. Luftmasche schließen.
Maschen verdoppeln: 2 Maschen in 1 Einstichstelle/Masche häkeln.
Feste Maschen in Runden: Jede Runde mit 1 zusätzlichen Luftmasche beginnen und mit 1 Kettmasche in die 1. feste Masche schließen.
Maschenprobe mit halben Stäbchen:
13 Maschen und 10 Reihen = 10 x 10 cm

So wird's gemacht

Mit Türkis einen Fadenring legen und wie folgt häkeln:
1. Runde: 10 feste Maschen in den Fadenring häkeln.
Nun mit halben Stäbchen wie folgt weiterhäkeln:
2. Runde: 2 halbe Stäbchen in jede Masche häkeln (= 20 halbe Stäbchen).
3. Runde: Jede 2. Masche verdoppeln (= 30 halbe Stäbchen).
4. Runde: Jede 3. Masche verdoppeln (= 40 halbe Stäbchen).
5. Runde: Jede 4. Masche verdoppeln (= 50 halbe Stäbchen).
6. Runde: Jede 5. Masche verdoppeln (= 60 halbe Stäbchen).
Nun ist ein Durchmesser von ca. 16 cm erreicht, ausreichend für einen Kopfumfang von ca. 53 cm.

Kopfumfang von 58 cm (und größer):
Nächste Runde: Jede 6. Masche verdoppeln (= 70 halbe Stäbchen).
Nun ist ein Durchmesser von ca. 18 cm erreicht, ausreichend für einen Kopfumfang von 58 cm.
Bei größeren Köpfen einfach weiter nach dem gleichen Prinzip zunehmen (= jede 7. Masche verdoppeln, jede 8. Masche verdoppeln usw.).
Die Maschen- und Rundenzahlen erhöhen sich entsprechend.

7. Runde: Halbe Stäbchen häkeln (= 60 halbe Stäbchen).
8.–18. Runde: Wie die 7. Runde häkeln, dabei nur die 17. Runde in Orange arbeiten.
19. Runde: Zu Orange wechseln. Feste Maschen häkeln, dabei jede 11. Masche überspringen (= 55 Maschen).
20.–21. Runde: Feste Maschen häkeln.
Die Arbeit beenden.
Mit dem Pomponset einen mittelgroßen Pompon in Orange anfertigen und oben an die Mütze nähen.

Liebe Leserin, lieber Leser,

wie ich zum Häkeln kam, ist ganz leicht zu erklären: Ich bin Mutter von drei Söhnen im Alter zwischen sechs und zwölf Jahren. Die Jungs, vor allem der mittlere, sind wahre Meister darin, ihre Sachen zu verlieren – hier den Turnbeutel im Bus, da eine Jacke auf dem Spielplatz, die Sportschuhe in der Turnhalle … Ganz schlimm trifft es immer die Mützen. Ich war es schließlich leid, im wöchentlichen Rhythmus für teures Geld neue Kopfbedeckungen zu kaufen, und habe vor zwei Jahren begonnen, Mützen selbst zu häkeln. Am Anfang nach kostenlosen Anleitungen aus dem Internet – doch immer nur das gleiche zu häkeln, war nach einiger Zeit langweilig. Also begann ich, selbst Mützen zu entwerfen und dazu passende Anleitungen zu schreiben. Die Jungs sind begeistert, haben sie doch nun jeden Morgen eine beinahe unendliche Auswahl an bunten Mützen.

Jedes Modell wurde ausgiebig von meinen drei wilden Kerlen getestet und ausprobiert. Und glauben Sie mir, das sind wahre Härtetests, denen die Mützen da ausgesetzt sind. Ich weiß, dass Zeit im Alltag mit Kindern Mangelware ist, deshalb habe ich alle Modelle so konzipiert, dass mit ein wenig Übung eine Mütze bequem an einem Abend fertig werden kann.

Ich wünsche ganz viel Spaß beim Nachhäkeln!

Manuela Trümpener

Hinweis: Anders als allgemein üblich beginne ich die Runden bei Stäbchen und Reliefstäbchen statt mit 3 nur mit 2 Luftmaschen. Ich finde, das ergibt ein schöneres Häkelbild. Aber wenn Sie es anders gewohnt sind, arbeiten Sie mit 3 Luftmaschen.

EINFACH MEHR SICHERHEIT!

Tipp:

Mit dem fluoreszierenden Beilaufgarn „safe reflect" von hatnut (erhältlich über Langendorf & Keller) kann sich Ihr Sohnemann als helles Köpfchen durch die Dunkelheit bewegen: Das Garn reflektiert einfallendes Licht wie ein Katzenauge und steigert so die Sicherheit im Straßenverkehr. Eine Spule reicht gut aus für die Einarbeitung in ein bis zwei Mützen.

Jesper

Mit Sternmuster

Kopfumfang: 53–55 cm

Schwierigkeitsgrad ●●

Material:

- Schurwollgarn (Lauflänge 80 m/50 g): 100 g Braun, je 50 g Weiß, Hellblau und Blau
- Häkelnadel Nr. 5

Stäbchen in Runden: Jede Runde mit 2 Luftmaschen als Ersatz für das 1. Stäbchen beginnen und mit 1 Kettmasche in die 2. Luftmasche schließen.

Maschen verdoppeln: 2 Maschen in 1 Einstichstelle/Masche häkeln.

Feste Maschen in Runden: Jede Runde mit 1 zusätzlichen Luftmasche beginnen und mit 1 Kettmasche in die 1. feste Masche schließen.

Sternmuster: Das Muster geht über 2 Runden.

1. Runde: 3 Luftmaschen häkeln, in die 2. Luftmasche einstechen, den Faden holen (= 2 Schlingen auf der Nadel), in die 3. Luftmasche einstechen, den Faden holen (= 3 Schlingen auf der Nadel), in die 1. feste Masche einstechen, den Faden holen (= 4 Schlingen auf der Nadel, **Abb. 1**), in die 2. feste Masche einstechen, den Faden holen (= 5 Schlingen auf der Nadel), in die 3. feste Masche einstechen, den Faden holen (= 6 Schlingen auf der Nadel, **Abb. 2**), alle Schlingen zusammen abmaschen (**Abb. 3**), 1 Luftmasche häkeln (**Abb. 4**). Dann in die Luftmasche einstechen, Faden holen, in die nächste Masche einstechen, Faden holen, für die nächsten 3 Maschen wiederholen, alle Schlingen zusammen abmaschen, 1 Luftmasche usw. bis zum Rundenende (beim Abmaschen müssen immer 6 Schlingen auf der Nadel liegen!), die Runde mit 1 Kettmasche in die 2. Luftmasche schließen.

2. Runde: Um die „Sterne" zu vollenden, nun wenden, d. h. die Mütze umdrehen und von links wie folgt weiterhäkeln: 2 Luftmaschen, 2 halbe Stäbchen, nun jeweils 2 halbe Stäbchen in die Mitte jedes folgenden Sterns bis zum Rundenende, häkeln, mit 1 Kettmasche in die 2. Luftmasche schließen.

(Zum Weiterhäkeln wieder wenden, d. h. die Mütze umdrehen und von rechts gemäß Anleitung arbeiten.)

Maschenprobe mit Stäbchen: 13 Maschen und 8 Reihen = 10 x 10 cm

Abb. 1

Abb. 2

Abb. 3

Abb. 4

So wird's gemacht

Mit Braun einen Fadenring legen und wie folgt häkeln:

1. Runde: 10 feste Maschen in den Fadenring häkeln.

Nun mit Stäbchen weiterarbeiten wie folgt:

2. Runde: 2 Stäbchen in jede feste Masche häkeln (= 20 Stäbchen).

3. Runde: Jede 2. Masche verdoppeln (= 30 Stäbchen).

4. Runde: Jede 3. Masche verdoppeln (= 40 Stäbchen).

5. Runde: Jede 4. Masche verdoppeln (= 50 Stäbchen).

6. Runde: Jede 5. Masche verdoppeln (= 60 Stäbchen).

Nun ist ein Durchmesser von ca. 16 cm erreicht, ausreichend für einen Kopfumfang von ca. 53 cm.

Koptumtang von 58 cm (und größer):

Nächste Runde: Jede 6. Masche verdoppeln (= 70 Stäbchen).

Nun ist ein Durchmesser von ca. 18 cm erreicht, ausreichend für einen Kopfumfang von 58 cm.

Bei größeren Köpfen einfach weiter nach dem gleichen Prinzip zunehmen (= jede 7. Masche verdoppeln, jede 8. Masche verdoppeln usw.).

Die Maschen- und Rundenzahlen erhöhen sich entsprechend.

7. und 8. Runde: Zu Weiß wechseln. Sternmuster über 2 Runden häkeln.

9. und 10. Runde: Zu Hellblau wechseln. Sternmuster über 2 Runden häkeln.

11. und 12. Runde: Zu Blau wechseln. Sternmuster über 2 Runden häkeln.

13.–15. Runde: Zu Braun wechseln. Stäbchen häkeln (= 60 Maschen).

16. Runde: Feste Maschen häkeln, dabei jede 11. Masche überspringen (= 55 Maschen).

17. und 18. Runde: Feste Maschen häkeln. Die Arbeit beenden.

Mattis

Ringel in Schwarz-Gelb
Kopfumfang: 53–55 cm
Schwierigkeitsgrad

Material:

- Schurwollgarn (Lauflänge 80 m/50 g): 100 g Gelb und 50 g Schwarz
- Häkelnadel Nr. 5

Halbe Stäbchen in Runden: Jede Runde mit 2 Luftmaschen als Ersatz für das 1. halbe Stäbchen beginnen und mit 1 Kettmasche in die 2. Luftmasche schließen.
Maschen verdoppeln: 2 Maschen in 1 Einstichstelle/Masche häkeln.
Feste Maschen in Runden: Jede Runde mit 1 zusätzlichen Luftmasche beginnen und mit 1 Kettmasche in die 1. feste Masche schließen.
Knotenmuster in Runden: 1 Luftmasche, den Faden durch die 1. Masche holen, den Faden durch die 2. Masche holen, zusammen abmaschen, den Faden durch die 2. und 3. Masche holen, zusammen abmaschen, den Faden durch die 3. und 4. Masche holen, zusammen abmaschen usw. bis zum Rundenende, mit 1 Kettmasche in die Luftmasche schließen.
Bündchenmuster in Runden: 3 Reliefstäbchen von vorn, 2 Reliefstäbchen von hinten im Wechsel häkeln, dabei jede Runde mit 2 Luftmaschen als Ersatz für das 1. Reliefstäbchen beginnen und mit 1 Kettmasche in die 2. Luftmasche schließen.
Maschenprobe im Knotenmuster:
12 Maschen und 12 Reihen = 10 x 10 cm

So wird's gemacht

Mit Gelb einen Fadenring legen und wie folgt häkeln:
1. Runde: 10 feste Maschen in den Fadenring häkeln.
Nun mit halben Stäbchen wie folgt weiterarbeiten:
2. Runde: 2 halbe Stäbchen in jede feste Masche häkeln (= 20 halbe Stäbchen).
3. Runde: Jede 2. Masche verdoppeln (= 30 halbe Stäbchen).
4. Runde: Jede 3. Masche verdoppeln (= 40 halbe Stäbchen).
5. Runde: Jede 4. Masche verdoppeln (= 50 halbe Stäbchen).
6. Runde: Zu Schwarz wechseln. Jede 5. Masche verdoppeln (= 60 halbe Stäbchen).
Nun ist ein Durchmesser von ca. 16 cm erreicht, ausreichend für einen Kopfumfang von ca. 53 cm.

Kopfumfang von 58 cm (und größer):
Nächste Runde: Jede 6. Masche verdoppeln (= 70 halbe Stäbchen).
Nun ist ein Durchmesser von ca. 18 cm erreicht, ausreichend für einen Kopfumfang von 58 cm.
Bei größeren Köpfen einfach weiter nach dem gleichen Prinzip zunehmen (= jede 7. Masche verdoppeln, jede 8. Masche verdoppeln usw.).
Die Maschen- und Rundenzahlen erhöhen sich entsprechend.

7.–19. Runde: Im Knotenmuster häkeln (= 60 Maschen), dabei die 7.–10. Runde in Gelb, die 11. und 12. Runde in Schwarz, die 13.–15. Runde wieder in Gelb und die 16.–19. Runde in Schwarz arbeiten.
20. Runde: Zu Gelb wechseln. Feste Maschen häkeln, dabei jede 11. Masche überspringen (= 55 Maschen).
21.–23. Runde: Das Bündchenmuster häkeln.
Die Arbeit beenden.

TOUCHDOWN

Lasse

Mit zwei Zipfeln

Kopfumfang: 53–55 cm

Schwierigkeitsgrad

Material:

- Schurwollgarn (Lauflänge 80 m/50 g): je 50 g Blau und Grau
- Häkelnadel Nr. 5

Stäbchen in Runden: Jede Runde mit 2 Luftmaschen als Ersatz für das 1. Stäbchen beginnen und mit 1 Kettmasche in die 2. Luftmasche schließen.
Maschen verdoppeln: 2 Maschen in 1 Einstichstelle/Masche häkeln.
Feste Maschen in Runden: Jede Runde mit 1 zusätzlichen Luftmasche beginnen und mit 1 Kettmasche in die 1. feste Masche schließen.
Bündchenmuster in Runden: 3 Reliefstäbchen von vorn, 2 Reliefstäbchen von hinten im Wechsel häkeln, dabei jede Runde mit 2 Luftmaschen als Ersatz für das 1. Reliefstäbchen beginnen und mit 1 Kettmasche in die 2. Luftmasche schließen.
Maschenprobe mit Stäbchen: 13 Maschen und 8 Reihen = 10 x 10 cm

So wird's gemacht

Mit Blau eine Luftmaschenkette mit 32 Luftmaschen häkeln.

Kopfumfang von 58 cm:
Eine Luftmaschenkette mit 37 Luftmaschen anschlagen.

Nun mit Stäbchen wie folgt weiterarbeiten:
1. Reihe: 1 Stäbchen in die 3. Luftmasche von der Nadel aus, 1 Stäbchen in jede Luftmasche häkeln, 1 Wendeluftmasche (= 30 Stäbchen).
Das ist die Vorderseite der Mütze.
2. Reihe: Je 1 Reliefstäbchen von vorn um jedes Stäbchen der Vorreihe häkeln.
Das ist die Rückseite der Mütze. Für einen Kopfumfang von 53–55 cm sind nun 30 Stäbchen und 30 Reliefstäbchen gehäkelt. Mit 1 Kettmasche in das 1. Stäbchen der Vorreihe schließen – so ist die Arbeit zur Runde geschlossen.

Kopfumfang von 58 cm:
Es sind nun 35 Stäbchen und 35 Reliefstäbchen vorhanden.

Nun in Runden weiterhäkeln wie folgt:
3.–11. Runde: Stäbchen häkeln (= 60 Maschen).
12.–20. Runde: Zu Grau wechseln und das Bündchenmuster häkeln.
Die Arbeit beenden.

TOUCHDOWN

Basti

Beanie

Kopfumfang: 53–55 cm

Schwierigkeitsgrad

Material:

- Schurwollgarn (Lauflänge 80 m/50 g): 100 g Grau, je ca. 20 g Blau und Lila
- Häkelnadel Nr. 5

Stäbchen in Runden: Jede Runde mit 2 Luftmaschen beginnen und mit 1 Kettmasche in die 2. Luftmasche schließen.
Maschen verdoppeln: 2 Maschen in 1 Einstichstelle/Masche häkeln.
Feste Maschen in Runden: Jede Runde mit 1 Luftmasche beginnen und mit 1 Kettmasche in die 1. feste Masche schließen.
Maschenprobe mit Stäbchen: 13 Maschen und 8 Reihen = 10 x 10 cm

So wird's gemacht

Mit Grau einen Fadenring legen und wie folgt häkeln:
1. Runde: 10 feste Maschen in den Fadenring häkeln.
Nun mit Stäbchen weiterarbeiten wie folgt:
2. Runde: 2 Stäbchen in jede feste Masche häkeln (= 20 Stäbchen).
3. Runde: Jede 2. Masche verdoppeln (= 30 Stäbchen).
4. Runde: Jede 3. Masche verdoppeln (= 40 Stäbchen).
5. Runde: Jede 4. Masche verdoppeln (= 50 Stäbchen).
6. Runde: Jede 5. Masche verdoppeln (= 60 Stäbchen).
Nun ist ein Durchmesser von ca. 16 cm erreicht, ausreichend für einen Kopfumfang von ca. 53 cm.

Kopfumfang von 58 cm (und größer):
Nächste Runde: Jede 6. Masche verdoppeln (= 70 Stäbchen).
Nun ist ein Durchmesser von ca. 18 cm erreicht, ausreichend für einen Kopfumfang von 58 cm.
Bei größeren Köpfen einfach weiter nach dem gleichen Prinzip zunehmen (= jede 7. Masche verdoppeln, jede 8. Masche verdoppeln usw.).
Die Maschen- und Rundenzahlen erhöhen sich entsprechend.

7.–21. Runde: Stäbchen häkeln, dabei ab der 10. Runde die Farben wie folgt wechseln: 10. und 11. Runde in Blau, 12. Runde in Grau, 13.–15. Runde in Lila, 16. Runde in Grau, 17. und 18. Runde in Blau, 19.–21. Runde in Grau.
22. Runde: Weiter in Grau feste Maschen häkeln, dabei jede 11. Masche überspringen (= 55 Maschen).
23.–24. Runde: Feste Maschen häkeln.
Die Arbeit beenden.

Per

Mit schrägen Streifen
Kopfumfang: 53–55 cm
Schwierigkeitsgrad ●

Material:

- Schurwollgarn (Lauflänge 80 m/50 g): je 50 g Hellblau, Weiß und Anthrazit
- Häkelnadel Nr. 5

Feste Maschen in Runden: Jede Runde mit 1 Luftmasche beginnen und mit 1 Kettmasche in die 1. feste Masche schließen.

Halbe Stäbchen in Runden: Jede Runde mit 2 Luftmaschen beginnen und mit 1 Kettmasche in die 2. Luftmasche schließen.

Maschen verdoppeln: 2 Maschen in 1 Einstichstelle/Masche häkeln.

Muster mit schrägen Streifen (auf halben Stäbchen):

1. Runde: 1 Luftmasche, 1 feste Masche (zwischen den halben Stäbchen einstechen), 1 Luftmasche, 1 Masche überspringen, 1 feste Masche (zwischen den halben Stäbchen einstechen), 1 Luftmasche, 1 Masche überspringen, 1 feste Masche (zwischen den halben Stäbchen einstechen) usw. bis zum Rundenende.

2. Runde: 1 feste Masche in den Luftmaschenzwischenraum, 1 Luftmasche, 1 feste Masche in den Luftmaschenzwischenraum, 1 Luftmasche, 1 feste Masche in den Luftmaschenzwischenraum usw. bis zum Rundenende.

Die 2. Runde stets wiederholen.

Maschenprobe im Muster mit schrägen Streifen: 14 Maschen und 20 Reihen = 10 x 10 cm

So wird's gemacht

Mit Anthrazit einen Fadenring legen und wie folgt häkeln:

1. Runde: 10 feste Maschen in den Fadenring häkeln.

Nun mit halben Stäbchen weiterarbeiten wie folgt:

2. Runde: Zu Hellblau wechseln. 2 halbe Stäbchen in jede feste Masche häkeln (= 20 halbe Stäbchen).

3. Runde: Zu Weiß wechseln. Jede 2. Masche verdoppeln (= 30 halbe Stäbchen).

4. Runde: Zu Anthrazit wechseln. Jede 3. Masche verdoppeln (= 40 halbe Stäbchen).

5. Runde: Zu Hellblau wechseln. Jede 4. Masche verdoppeln (= 50 halbe Stäbchen).

6. Runde: Zu Weiß wechseln. Jede 5. Masche verdoppeln (= 60 halbe Stäbchen).

7. Runde: Jede 6. Masche verdoppeln (= 70 halbe Stäbchen).

Diese Maschenzahl ist ausreichend für einen Kopfumfang bis ca. 55 cm.

Kopfumfang von 58 cm (und größer):

Nächste Runde: Jede 7. Masche verdoppeln (= 80 halbe Stäbchen).

Nun ist ein Durchmesser von ca. 18 cm erreicht, ausreichend für einen Kopfumfang von 58 cm.

Bei größeren Köpfen einfach weiter nach dem gleichen Prinzip zunehmen (= jede 8. Masche verdoppeln, jede 9. Masche verdoppeln usw.).

Die Maschen- und Rundenzahlen erhöhen sich entsprechend. Die Farbfolge ebenfalls entsprechend anpassen.

8. Runde: Zu Anthrazit wechseln. Halbe Stäbchen häkeln.

9.–28. Runde: Das Muster mit schrägen Streifen häkeln, dabei die Farbfolge Hellblau, Weiß, Anthrazit fortsetzen und die Farbe in jeder Runde wechseln.

29. Runde: Zu Anthrazit wechseln. Feste Maschen häkeln, dabei jede 10. Masche überspringen (= 63 feste Maschen).

30. Runde: Feste Maschen häkeln.
Die Arbeit beenden.

Felix

Mit eingehäkelten Flachnoppen

Kopfumfang: ca. 53–55 cm

Schwierigkeitsgrad

Material:

- Schurwollgarn (Lauflänge 80 m/50 g): je 50 g Grau, Orange, Rot und Braun
- Häkelnadel Nr. 5

Stäbchen in Runden: Jede Runde mit 2 Luftmaschen als Ersatz beginnen und mit 1 Kettmasche in die 2. Luftmasche schließen.

Maschen verdoppeln: 2 Maschen in 1 Einstichstelle/Masche häkeln.

Feste Maschen in Runden: Jede Runde mit 1 zusätzlichen Luftmasche beginnen und mit 1 Kettmasche in die 1. feste Masche schließen.

Flachnoppe: Bis zur gewünschten Stelle häkeln, den Faden um die Häkelnadel legen, in die Masche einstechen, den Faden durch die Masche holen (= 3 Schlingen auf der Nadel). Faden wieder um die Häkelnadel legen, in dieselbe Masche einstechen und den Faden durchholen (= 5 Schlingen auf der Nadel). Den Vorgang noch 2-mal wiederholen (= 9 Schlingen auf der Nadel, **Abb. 1**). Dann den Faden holen (**Abb. 2**) und durch sämtliche auf der Nadel befindlichen Schlingen ziehen (**Abb. 3**).

Maschenprobe mit Stäbchen: 13 Maschen und 8 Reihen = 10 x 10 cm

So wird's gemacht

Mit Grau einen Fadenring legen und wie folgt häkeln:

1. Runde: 10 feste Maschen in den Fadenring häkeln.

2. Runde: 2 Stäbchen in jede feste Masche häkeln (= 20 Stäbchen).

3. Runde: Jede 2. Masche verdoppeln (= 30 Stäbchen).

4. Runde: Jede 3. Masche verdoppeln (= 40 Stäbchen).

5. Runde: Jede 4. Masche verdoppeln (= 50 Stäbchen).

6. Runde: Jede 5. Masche verdoppeln (= 60 Stäbchen).

Nun ist ein Durchmesser von ca. 16 cm erreicht, ausreichend für einen Kopfumfang von ca. 53 cm.

Kopfumfang von 58 cm (und größer):

Nächste Runde: Jede 6. Masche verdoppeln (= 70 Stäbchen).

Nun ist ein Durchmesser von ca. 18 cm erreicht, ausreichend für einen Kopfumfang von 58 cm.

Abb. 1

Abb. 2

Abb. 3

Abb. 4

Bei größeren Köpfen einfach weiter nach dem gleichen Prinzip zunehmen (= jede 7. Masche verdoppeln, jede 8. Masche verdoppeln usw.).
Die Maschen- und Rundenzahlen erhöhen sich entsprechend.

7. Runde: Stäbchen häkeln (= 60 Stäbchen).
8. Runde: Zu Orange wechseln. 5 Luftmaschen, 1 Flachnoppe in das 5. Stäbchen, 5 Luftmaschen, 1 Flachnoppe in das 10. Stäbchen, 5 Luftmaschen, weiter 1 Flachnoppe in jedes 5. Stäbchen bis zum Rundenende, die Runde mit 1 Kettmasche in die oberste Luftmasche schließen.
9. Runde: Zu Grau wechseln. 1 Luftmasche, je 1 Stäbchen in die nächsten 4 Stäbchen der vorletzten Runde (= Stäbchenrunde in Grau), dabei die Luftmaschenkette umhäkeln (**Abb. A**), 1 feste Masche in die Flachnoppe (**Abb. B**), je 1 Stäbchen in die nächsten 4 Stäbchen der vorletzten Runde (= Stäbchenrunde in Grau), dabei die Luftmaschenkette umhäkeln, 1 feste Masche in die Flachnoppe usw. bis zum Rundenende, die Runde mit 1 Kettmasche in die Luftmasche schließen.
10. Runde: Stäbchen häkeln (= 60 Stäbchen).
11. Runde: Zu Rot wechseln. Wie die 8. Runde häkeln.
12. Runde: Zu Grau wechseln. Wie die 9. Runde häkeln.
13. Runde: Stäbchen häkeln.
14. Runde: Zu Braun wechseln. Wie die 8. Runde häkeln.
15. Runde: Zu Grau wechseln. Wie die 9. Runde häkeln.
16. Runde: Stäbchen häkeln.
17. Runde: Feste Maschen häkeln, dabei jede 11. Masche überspringen (= 55 Maschen).
18. und 19. Runde: Feste Maschen häkeln. Die Arbeit beenden.
Nun für ein Korkenzieherband in der gewünschten Farbe 1 feste Masche in die 1. Runde der Mütze häkeln, anschließend 22 Luftmaschen häkeln, in die 3. Luftmasche von der Nadel aus 3 Stäbchen häkeln, dann in jede weitere Luftmasche wieder 3 Stäbchen arbeiten bis zum Reihenende.
Das Band an der Mütze mit 1 Kettmasche befestigen.
Auf diese Weise so viele Bänder wie gewünscht anhäkeln.

Abb. A

Abb. B

Abb. C

Jan

Mit Ringeln im Flechtmuster

Kopfumfang: 53–55 cm

Schwierigkeitsgrad ●●●

Material:

- Schurwollgarn (Lauflänge 80 m/50 g): je 50 g Hellblau, Grau und Schwarz
- Häkelnadel Nr. 5

Halbe Stäbchen in Runden: Jede Runde mit 2 Luftmaschen als Ersatz für das 1. halbe Stäbchen beginnen und mit 1 Kettmasche in die 2. Luftmasche schließen.

Maschen verdoppeln: 2 Maschen in 1 Einstichstelle/Masche häkeln.

Flechtmuster:

1. Runde: 2 Luftmaschen (als Ersatz für das 1. Stäbchen), abwechselnd 1 Reliefstäbchen von vorn, 1 Stäbchen bis zum Rundenende, die Runde mit 1 Kettmasche die 2. Luftmasche schließen.

2. Runde: 2 Luftmaschen (als Ersatz für das 1. Stäbchen), abwechselnd 1 Reliefstäbchen von vorn um das Reliefstäbchen der Vorrunde, 1 Stäbchen in das Stäbchen der Vorrunde bis zum Rundenende, mit 1 Kettmasche in die 2. Luftmasche schließen.

3. Runde: 2 Luftmaschen (als Ersatz für das 1. Reliefstäbchen), abwechselnd 1 Stäbchen in das Reliefstäbchen der Vorrunde, 1 Reliefstäbchen von vorn um das Stäbchen der Vorrunde bis zum Rundenende, mit 1 Kettmasche in die 2. Luftmasche schließen.

Die 2. und 3. Runde stets wiederholen.

Feste Maschen in Runden: Jede Runde mit 1 zusätzlichen Luftmasche beginnen und mit 1 Kettmasche in die 1. feste Masche schließen.

Maschenprobe im Flechtmuster:

12 Maschen und 10 Reihen = 10 x 10 cm

So wird's gemacht

Mit Hellblau einen Fadenring legen und wie folgt häkeln:

1. Runde: 10 feste Maschen in den Fadenring häkeln.

Nun mit halben Stäbchen wie folgt weiterarbeiten:

2. Runde: 2 halbe Stäbchen in jede Masche häkeln (= 20 halbe Stäbchen).

3. Runde: Jede 2. Masche verdoppeln (= 30 halbe Stäbchen).

4. Runde: Zu Schwarz wechseln. Jede 3. Masche verdoppeln (= 40 halbe Stäbchen).

5. Runde: Zu Hellblau wechseln. Jede 4. Masche verdoppeln (= 50 halbe Stäbchen).

6. Runde: Jede 5. Masche verdoppeln (= 60 halbe Stäbchen).

Nun ist ein Durchmesser von ca. 16 cm erreicht, ausreichend für einen Kopfumfang von ca. 53 cm.

Kopfumfang von 58 cm (und größer):

Nächste Runde: Jede 6. Masche verdoppeln (= 70 halbe Stäbchen).

Nun ist ein Durchmesser von ca. 18 cm erreicht, ausreichend für einen Kopfumfang von 58 cm.

Bei größeren Köpfen einfach weiter nach dem gleichen Prinzip zunehmen (= jede 7. Masche verdoppeln, jede 8. Masche verdoppeln usw.).

Die Maschen- und Rundenzahlen erhöhen sich entsprechend.

Nun wie folgt weiterarbeiten:
7.–17. Runde: Im Flechtmuster häkeln (= 60 Maschen), dabei die Runden in folgender Farbfolge arbeiten: Schwarz, Grau, Schwarz, Hellblau, Grau, Hellblau, Schwarz, Grau, Schwarz, Hellblau, Grau.

18. Runde: Weiter in Hellblau. Feste Maschen häkeln, dabei jede 11. Masche überspringen (= 55 Maschen).
19. und 20. Runde: Feste Maschen häkeln. Die Arbeit beenden.

HAIR DAY
S.OLIVER

Jannis

Mit Querrippen
Kopfumfang: 53–55 cm
Schwierigkeitsgrad

Material:

- Schurwollgarn (Lauflänge 80 m/50 g): 100 g Grau und je 50 g Hellblau und Orange
- Häkelnadel Nr. 5

Halbe Stäbchen in Runden: Jede Runde mit 2 Luftmaschen als Ersatz für das 1. halbe Stäbchen beginnen und mit 1 Kettmasche in die 2. Luftmasche schließen.
Querrippen: Von der 4. bis zur 16. Runde werden die halben Stäbchen nur ins hintere Maschenglied gearbeitet.
Maschen verdoppeln: 2 Maschen in 1 Einstichstelle/Masche häkeln.
Feste Maschen in Runden: Jede Runde mit 1 zusätzlichen Luftmasche beginnen und mit 1 Kettmasche in die 1. feste Masche schließen.
Maschenprobe mit halben Stäbchen ins hintere Maschenglied: 12 Maschen und 11 Reihen = 10 x 10 cm

So wird's gemacht

Mit Grau einen Fadenring legen und wie folgt häkeln:
1. Runde: 10 feste Maschen in den Fadenring häkeln.
Nun mit halben Stäbchen wie folgt weiterarbeiten:
2. Runde: Zu Orange wechseln. 2 halbe Stäbchen in jede Masche häkeln (= 20 halbe Stäbchen).
3. Runde: Zu Hellblau wechseln. Jede 2. Masche verdoppeln (= 30 halbe Stäbchen). Ab jetzt die halben Stäbchen nur ins hintere Maschenglied arbeiten.
4. Runde: Zu Orange wechseln. Jede 3. Masche verdoppeln (= 40 halbe Stäbchen).
5. Runde: Zu Grau wechseln. Jede 4. Masche verdoppeln (= 50 halbe Stäbchen).
6. Runde: Jede 5. Masche verdoppeln (= 60 halbe Stäbchen).
Nun ist ein Durchmesser von ca. 16 cm erreicht, ausreichend für einen Kopfumfang von ca. 53 cm.

Kopfumfang von 58 cm (und größer):
Nächste Runde: Jede 6. Masche verdoppeln (= 70 halbe Stäbchen).
Nun ist ein Durchmesser von ca. 18 cm erreicht, ausreichend für einen Kopfumfang von 58 cm. Bei größeren Köpfen einfach weiter nach dem gleichen Prinzip zunehmen (= jede 7. Masche verdoppeln, jede 8. Masche verdoppeln usw.). Die Maschen- und Rundenzahlen erhöhen sich entsprechend. Die Farbfolge ebenfalls entsprechend anpassen.

Nun wie folgt weiterarbeiten:
7.–16. Runde: Halbe Stäbchen ins hintere Maschenglied häkeln, dabei die 7. Runde noch in Grau arbeiten, die 8. Runde in Hellblau, die 9. Runde in Orange, die 10. Runde in Hellblau häkeln, die 11.–13. Runde in Grau, die 14. Runde in Orange, die 15. Runde in Hellblau und die 16. Runde in Orange arbeiten.
17. Runde: Zu Grau wechseln. Feste Maschen häkeln, dabei jede 11. Masche überspringen (= 55 Maschen).
18. und 19. Runde: Feste Maschen häkeln. Die Arbeit beenden.

WIKINGER TRIP
WIKINGER

Thies

Mit Reliefmuster
Kopfumfang: 53–55 cm
Schwierigkeitsgrad ● ●

Material:

- Schurwollgarn (Lauflänge 80 m/50 g): je 50 g Rot, Hellblau und Türkis
- Häkelnadel Nr. 5

Stäbchen in Runden: Jede Runde mit 2 Luftmaschen als Ersatz für das 1. Stäbchen beginnen und mit 1 Kettmasche in die 2. Luftmasche schließen.
Maschen verdoppeln: 2 Maschen in 1 Einstichstelle/Masche häkeln.
Feste Maschen in Runden: Jede Runde mit 1 zusätzlichen Luftmasche beginnen und mit 1 Kettmasche in die 1. feste Masche schließen.
Reliefmuster: 2 Luftmaschen (als Ersatz für das 1. Reliefstäbchen), abwechselnd 1 Reliefstäbchen von vorn, 1 Reliefstäbchen von hinten bis zum Rundenende, die Runde mit 1 Kettmasche in die 2. Luftmasche schließen.
Maschenprobe im Reliefmuster:
14 Maschen und 11 Reihen = 10 x 10 cm

So wird's gemacht

Mit Türkis einen Fadenring legen und wie folgt häkeln:
1. Runde: 10 feste Maschen in den Fadenring häkeln.
Nun mit Stäbchen weiterarbeiten wie folgt:
2. Runde: 2 Stäbchen in jede feste Masche häkeln (= 20 Stäbchen).
3. Runde: Zu Hellblau wechseln. Jede 2. Masche verdoppeln (= 30 Stäbchen).
4. Runde: Jede 3. Masche verdoppeln (= 40 Stäbchen).
5. Runde: Zu Rot wechseln. Jede 4. Masche verdoppeln (= 50 Stäbchen).
6. Runde: Jede 5. Masche verdoppeln (= 60 Stäbchen).
Nun ist ein Durchmesser von ca. 16 cm erreicht, ausreichend für einen Kopfumfang von ca. 53 cm.

Kopfumfang von 58 cm (und größer):
Nächste Runde: Jede 6. Masche verdoppeln (= 70 Stäbchen).
Nun ist ein Durchmesser von ca. 18 cm erreicht, ausreichend für einen Kopfumfang von 58 cm.
Bei größeren Köpfen einfach weiter nach dem gleichen Prinzip zunehmen (= jede 7. Masche verdoppeln, jede 8. Masche verdoppeln usw.).
Die Maschen- und Rundenzahlen erhöhen sich entsprechend.

7.–18. Runde: Das Reliefmuster häkeln, dabei in jeder 2. Runde die Farbe in folgender Folge wechseln: Türkis, Hellblau, Rot.
19. Runde: Zu Türkis wechseln. Feste Maschen häkeln, dabei jede 11. Masche überspringen (= 55 Maschen).
20. Runde: Feste Maschen häkeln.
Die Arbeit beenden.

BAD HAIR DAY

YOU
are

Emil

Mustermix in Blau-Grau-Orange

Kopfumfang: ca. 53-55 cm

Schwierigkeitsgrad ●●

Material:

- Schurwollgarn (Lauflänge 80 m/50 g): je 50 g Grau, Orange und Blau
- Häkelnadel Nr. 5
- Pomponset

Stäbchen in Runden: Jede Runde mit 2 Luftmaschen als Ersatz für das 1. Stäbchen beginnen und mit 1 Kettmasche in die 2. Luftmasche schließen.
Maschen verdoppeln: 2 Maschen in 1 Einstichstelle/Masche häkeln.
Kästchenmuster:
1. Runde: Mit 2 Luftmaschen 2 Maschen der Vorrunde überspringen, 1 feste Masche (in die 3. Masche der Vorrunde), mit 2 Luftmaschen 2 Maschen der Vorrunde überspringen, 1 feste Masche (in die 6. Masche der Vorrunde) usw. bis zum Rundenende, die Runde mit 1 Kettmasche in die 1. Luftmasche schließen.
2. Runde: 2 Luftmaschen (als Ersatz für das 1. Stäbchen), 2 Stäbchen um die 2 Luftmaschen der Vorrunde, 1 Luftmasche, 3 Stäbchen um die nächsten 2 Luftmaschen der Vorrunde, 1 Luftmasche, 3 Stäbchen um die nächsten 2 Luftmaschen der Vorrunde usw. bis zum Rundenende, die Runde mit 1 Kettmasche in die 2. Luftmasche schließen.
3. Runde: Mit 2 Luftmaschen die 2 Ersatzluftmaschen und 2 Stäbchen der Vorrunde überspringen, 1 feste Masche in die Luftmasche der Vorrunde, mit 2 Luftmaschen 3 Stäbchen der Vorrunde überspringen, 1 feste Masche in die Luftmasche der Vorrunde usw. bis zum Rundenende, die Runde mit 1 Kettmasche in die 1. Luftmasche schließen.
Die 2. und 3. Runde stets wiederholen, enden mit einer 2. Runde.
Feste Maschen in Runden: Jede Runde mit 1 zusätzlichen Luftmasche beginnen und mit 1 Kettmasche in die 1. feste Masche schließen.
Maschenprobe im Kästchenmuster:
16 Maschen und 10 Reihen = 10 x 10 cm

So wird's gemacht

Mit Grau einen Fadenring legen und wie folgt häkeln:
1. Runde: 10 feste Maschen in den Fadenring häkeln.
Nun mit Stäbchen weiterarbeiten wie folgt:
2. Runde: 2 Stäbchen in jede feste Masche häkeln (= 20 Stäbchen).
3. Runde: Jede 2. Masche verdoppeln (= 30 Stäbchen).
4. Runde: Jede 3. Masche verdoppeln (= 40 Stäbchen).
5. Runde: Jede 4. Masche verdoppeln (= 50 Stäbchen).
6. Runde: Zu Blau wechseln. Jede 5. Masche verdoppeln (= 60 Stäbchen).
Nun ist ein Durchmesser von ca. 16 cm erreicht, dieser ist nötig für einen Kopfumfang von ca. 53 cm.

Kopfumfang von 58 cm (und größer):
Nächste Runde: Jede 6. Masche verdoppeln (= 70 Stäbchen).
Nun ist ein Durchmesser von ca. 18 cm erreicht, das reicht für einen Kopfumfang von 58 cm.
Bei größeren Köpfen einfach weiter nach dem gleichen Prinzip zunehmen (= jede 7. Masche verdoppeln, jede 8. Masche verdoppeln usw.).
Die Maschen- und Rundenzahlen erhöhen sich entsprechend.

7.–16. Runde: Im Kästchenmuster häkeln (7. Runde und alle ungeraden Runden = 60 Maschen, alle geraden Runden = 80 Maschen), dabei die Runden in folgender Farbfolge arbeiten: Orange, Blau, Grau.
17. Runde: Zu Blau wechseln. Feste Maschen häkeln, dabei jede 4. Masche überspringen (= 60 Maschen).
18. Runde: Feste Maschen häkeln, dabei jede 11. Masche überspringen (= 55 Maschen).
Die Arbeit beenden.
Mit dem Pomponset einen kleinen Pompon in Grau anfertigen und oben an die Mütze nähen.

Grundkurs Häkeln

Fadenring

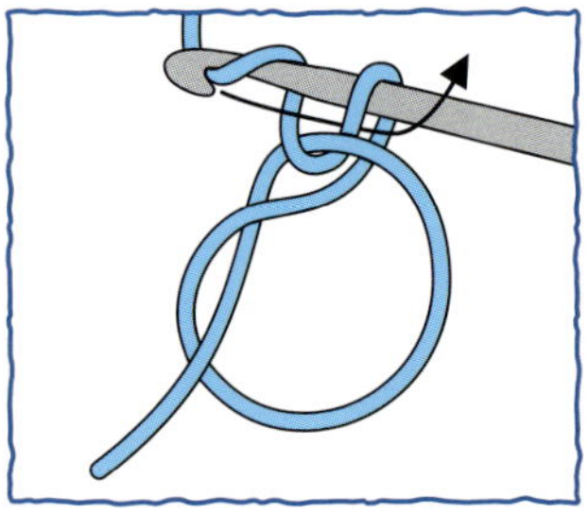

Faden zur Schlinge legen, einstechen, 1 Umschlag durchholen. Nicht festziehen! Arbeitsfaden um den linken Zeigefinger legen, den Kreuzpunkt des Fadenrings festhalten, 1 Umschlag durch die Schlinge auf der Nadel ziehen. Maschen in den Ring häkeln, Ring festziehen.

Feste Masche

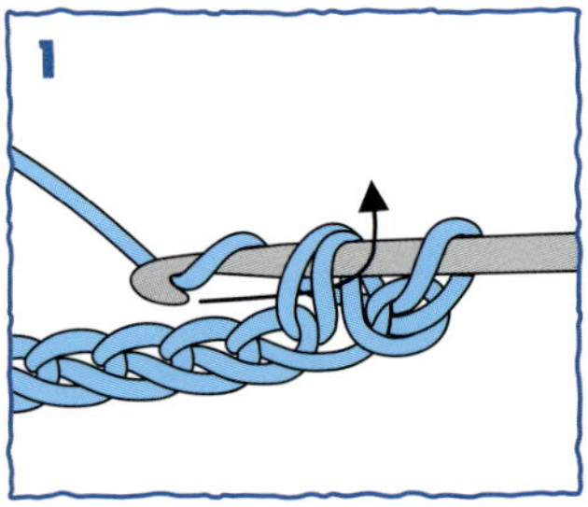

In die vorgesehene Masche einstechen und den Faden von hinten nach vorn um die Nadel legen.

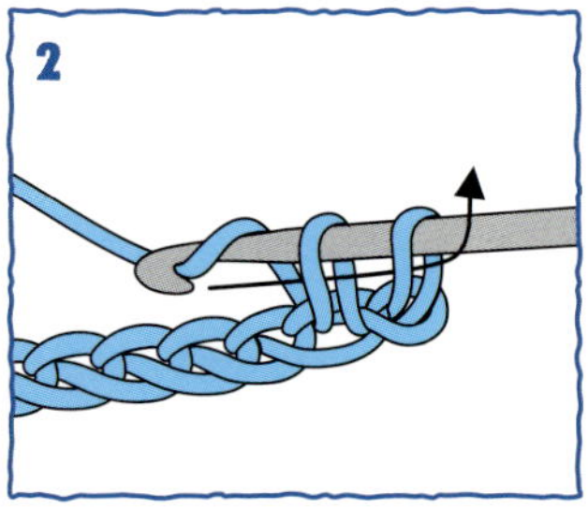

Den Umschlag durchziehen. Den Faden erneut um die Nadel legen und durch beide Schlingen ziehen.

Luftmaschenanschlag

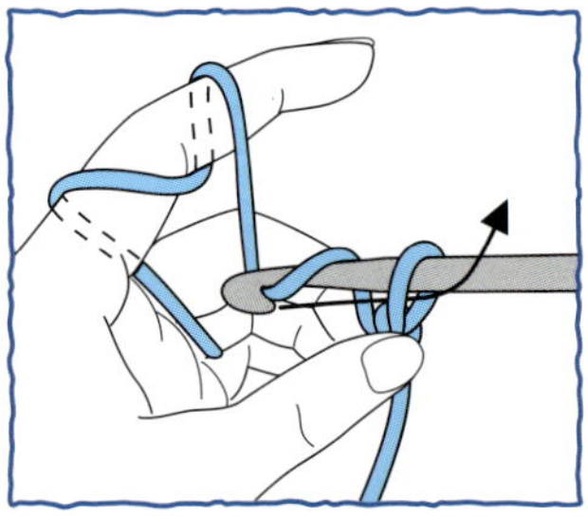

Eine Anfangsschlinge bilden, dann 1 Umschlag bilden und den Faden durch die Anfangsschlinge ziehen: Es entsteht eine Luftmasche. Für eine Luftmaschenkette den Vorgang so oft wie gewünscht wiederholen.

Halbes Stäbchen

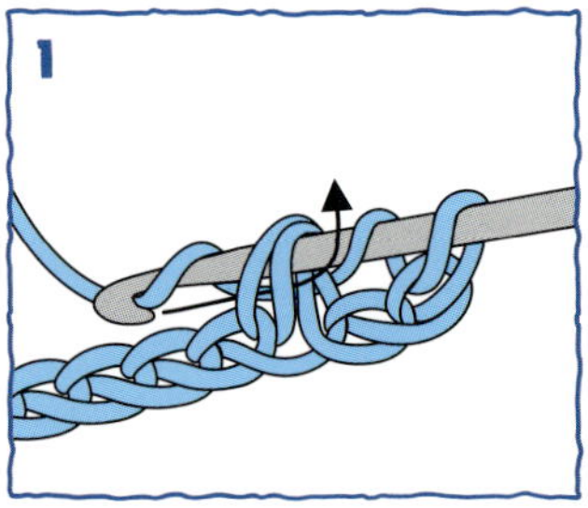

Einen Umschlag um die Nadel legen und in die vorgesehene Masche einstechen. Den Faden um die Nadel legen und diesen Umschlag durch die Masche ziehen.

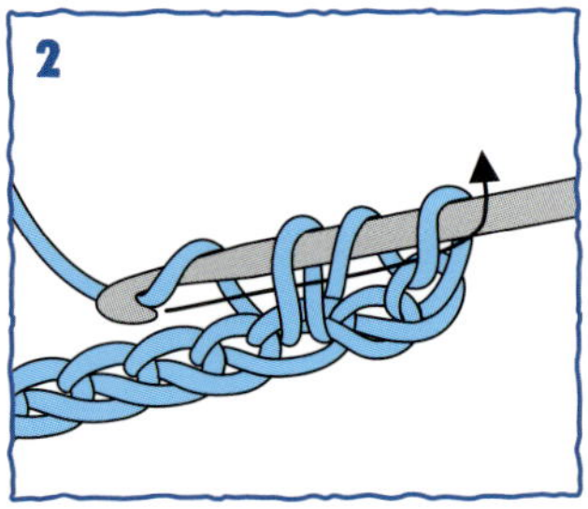

Den Faden wieder um die Nadel legen und den Umschlag durch alle Schlingen ziehen. Das 1. halbe Stäbchen fertig. So oft wie benötigt wiederholen.

Stäbchen

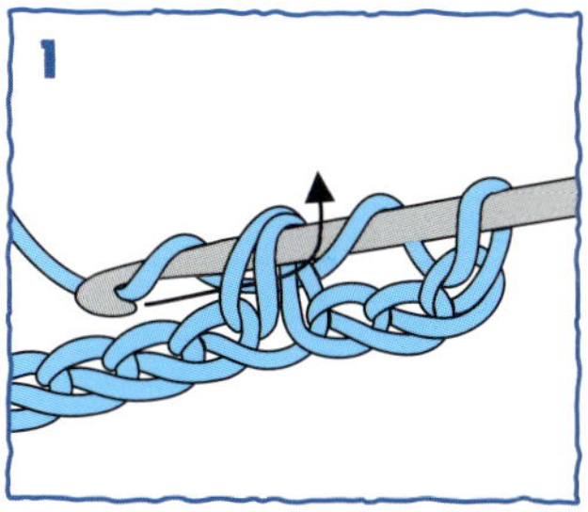

1 Umschlag um die Nadel legen und in die vorgesehene Masche einstechen. Den Faden nochmals um die Nadel legen und durch die Masche ziehen. Den Faden wieder um die Nadel legen.

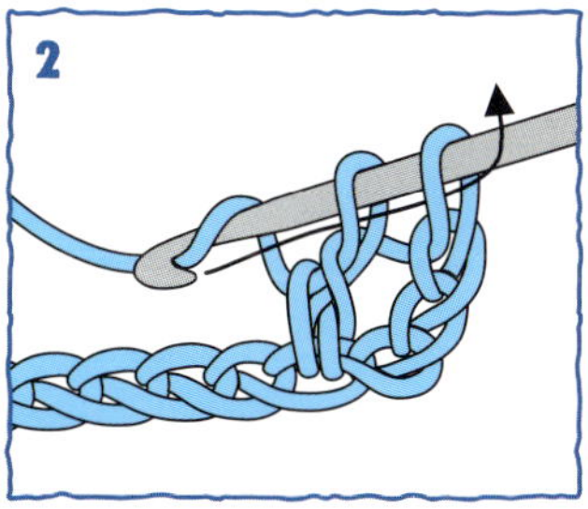

Diesen Umschlag durch 2 auf der Nadel liegende Schlingen ziehen. Den Faden wieder um die Nadel legen.

Diesen Umschlag durch beide Schlingen ziehen. Das 1. Stäbchen ist fertig. So oft wie benötigt wiederholen.

Kettmasche

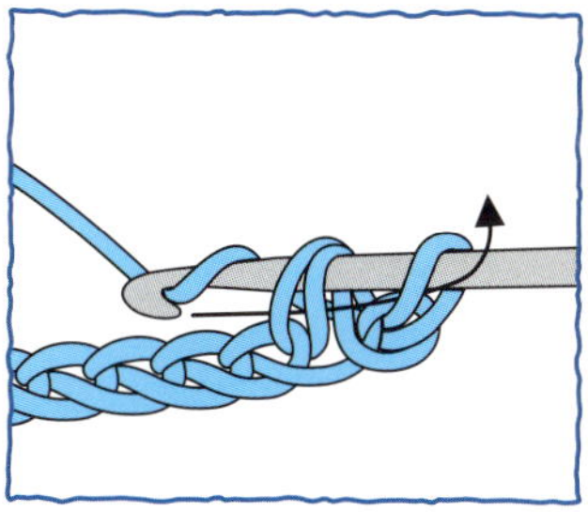

In die vorgesehene Masche einstechen, den Faden um die Nadel legen und diesen Umschlag durch alle Schlingen auf der Nadel ziehen.

Ins hintere Maschenglied häkeln

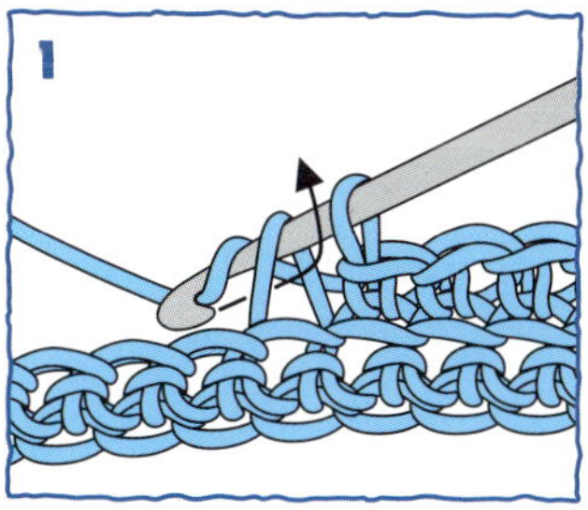

Beim Einstechen in die Masche der Vorreihe/-runde darauf achten, dass stets nur das hintere Maschenglied erfasst wird.

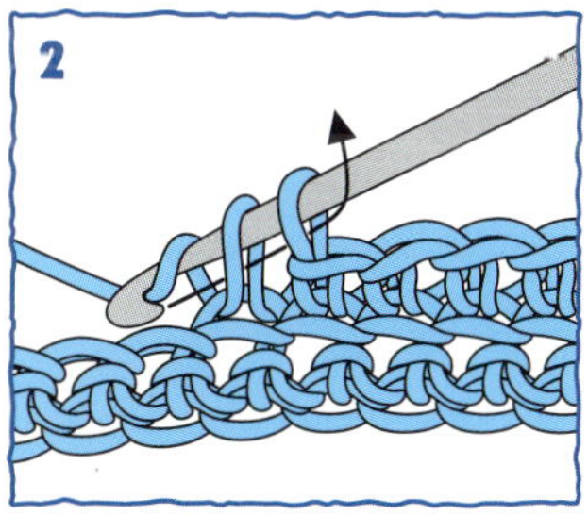

Dann die Masche wie gewohnt abmaschen (hier im Bild: feste Maschen), bei halben Stäbchen und Stäbchen ebenso einstechen. Diese Häkelart wird auch Rippenstich genannt, weil eine Querrippe im Häkelstück entsteht.

Grundkurs Häkeln

Häkeln in Runden

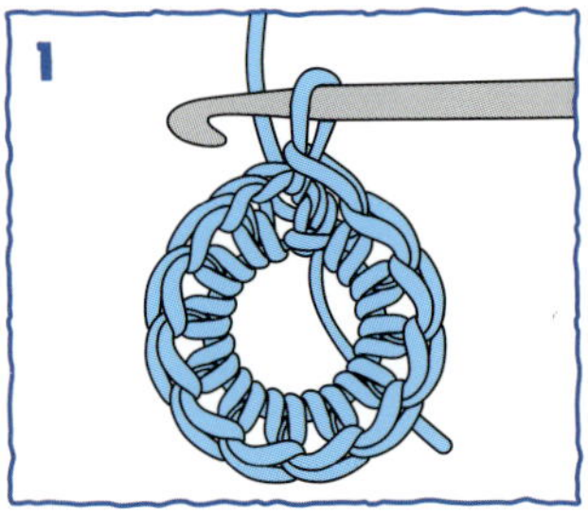

In einen Fadenring die gewünschte Anzahl an festen Maschen häkeln. Dann die Runde mit 1 Kettmasche in die 1. feste Masche schließen.

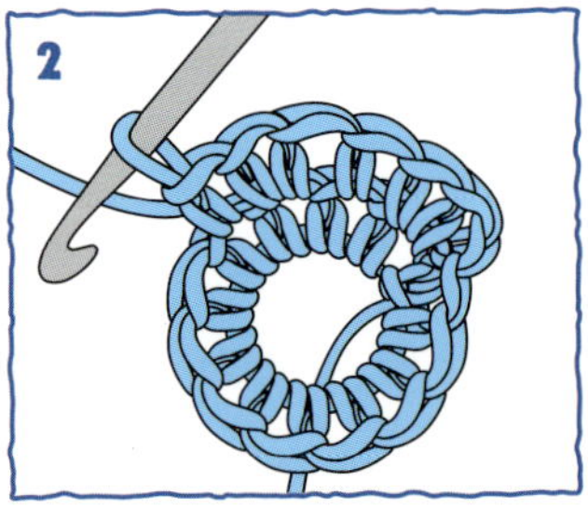

Jede Runde mit der der Maschenart entsprechenden Anzahl an Luftmaschen beginnen. Pro Runde gemäß Anleitung zunehmen.

Farbwechsel

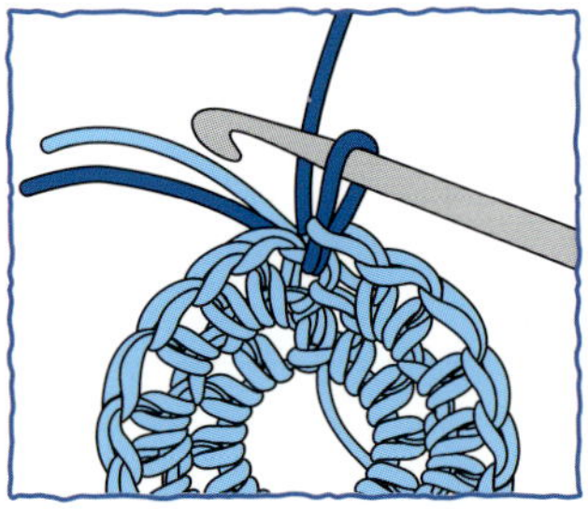

Bereits die letzte Masche der Vorrunde (hier die Kettmasche zum Rundenabschluss) in der neuen Farbe abmaschen. Beim Farbwechsel innerhalb einer Runde/Reihe die letzte Masche der vorhergehenden Farbe mit der neuen Farbe abmaschen.

Reliefstäbchen von vorn

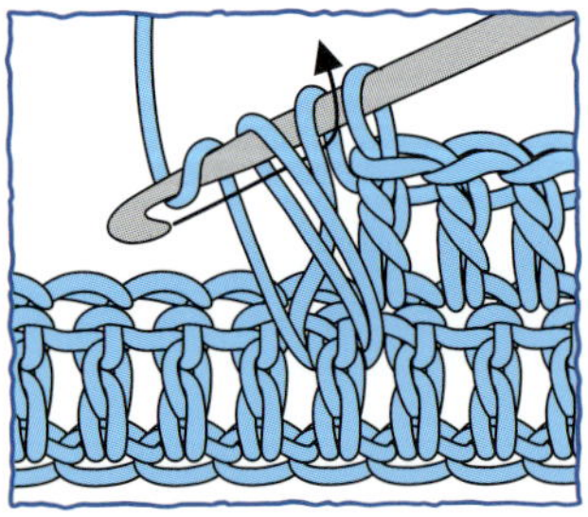

1 Umschlag bilden, von vorn nach hinten um das Stäbchen der Vorreihe stechen und 1 neuen Umschlag durchziehen. Noch 2-mal je 1 Umschlag durch je 2 Schlingen ziehen.

Reliefstäbchen von hinten

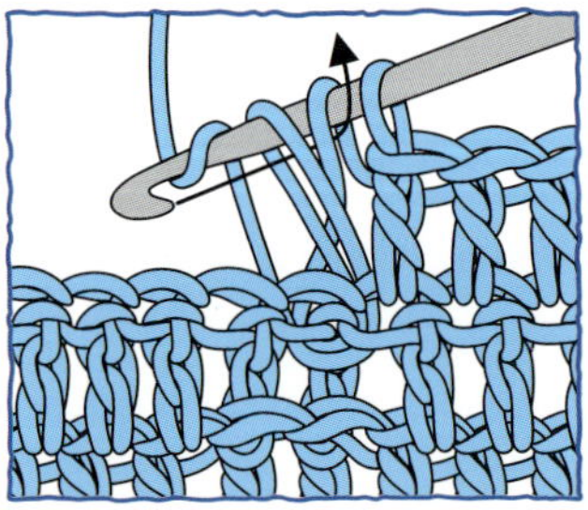

1 Umschlag bilden, von hinten nach vorn um das Stäbchen der Vorreihe stechen und 1 neuen Umschlag durchziehen. Noch 2-mal je 1 Umschlag durch je 2 Schlingen ziehen.

Die Arbeit beenden

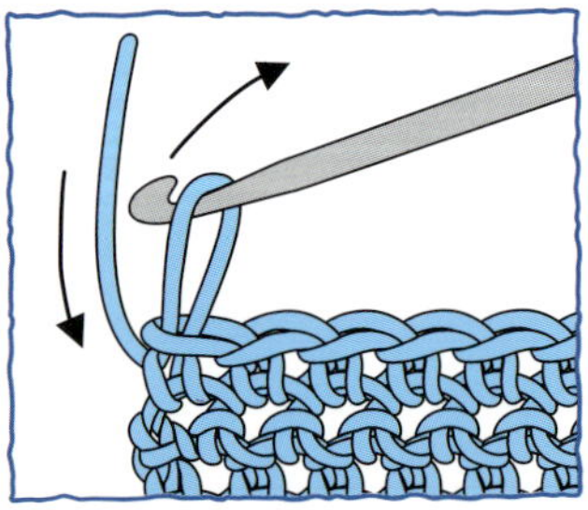

Den Faden nicht zu kurz abschneiden.
Den Faden durch die letzte Masche ziehen und fest anziehen. Dadurch bildet sich der Abschlussknoten.